AF165896

23 Elemente

aenderung.png

Anbindung.png

bedeutung.png

effekt.png

empfindung.png

entfernung.png

fensterblick.png

folgen.png

geschafft.png

gleichung.png

keinfragment.png

nochwelt.png

Perspektive.png

Programmatisch.png

Puzzle.png

reglos.png

richtung.png

symptom.png

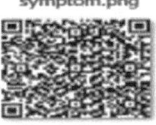
Tateinheit.png

tatsachen.png

tiefe.png Untiefe.png Verzichte.png

Lyrik von
Burkhard Tomm-Bub, M.A.
aka
BukTom Bloch
Vollständig im QR-Code.

Erstellung: http://goqr.me/   Prüfung: http://zxing.org/w/decode.jspx

23 Elemente

1,- Euro des Preises wird wohltätige Spende!

aenderung

Anbindung

bedeutung

effekt

empfindung

entfernung

fensterblick

folgen

geschafft

gleichung

keinfragment

nochweit

Perspektive

Programmatisch

Puzzle

reglos

richtung

symptom

Tateinheit

tatsachen

tiefe

Untiefe

Verzichte

IMPRESSUM

Autor des Buches ist

Burkhard Tomm-Bub, M.A.
67063 Ludwigshafen
Jakob-Binder-Strasse 22
Mail: ogma1@t-online.de

**Herstellung und Verlag:
BoD – Books on Demand,
Nordersted**

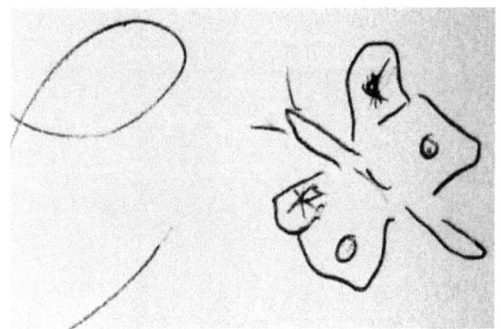

Weitere Bücher des Autors

Cyberspace VR virtual reality
Der Comic

Burkhard Tomm-Bub

Verlag: Books on Demand
Erscheinungsdatum: 15.04.2019

22,99 € Buch
inkl. MwSt. / portofrei
sofort verfügbar

Ich kenne diesen Schmerz ...
Verständliche Prosagedichte

Burkhard Tomm-Bub

Verlag: Books on Demand
Erscheinungsdatum: 29.05.2019

3,49 € Buch
inkl. MwSt. / portofrei
sofort verfügbar

Geringe Mitnahme-Effekte!
Ein fiktiver Jobcenter-Krimi vom EX-Fallmanager

Burkhard Tomm-Bub, M.A.

Verlag: Books on Demand
Erscheinungsdatum: 27.05.2019

3,99 € Buch
inkl. MwSt. / portofrei
sofort verfügbar

Pan(en)theistischer Notizblog
NUR ICH NUR DU
- Pantheismus / Panentheismus -

Burkhard Tomm-Bub

Verlag: Books on Demand
Erscheinungsdatum: 10.05.2019

3,99 € Buch
inkl. MwSt. / portofrei
sofort verfügbar

0,99 € E-Book
inkl. MwSt.
sofort lieferbar als Download

HANDBUCH WIDERSTAND gegen HARTZ IV
Rat vom EX-Fallmanager

Burkhard Tomm-Bub, M.A.

Verlag: Books on Demand
Erscheinungsdatum: 04.01.2019

5,49 € Buch
inkl. MwSt. / portofrei
sofort verfügbar

2,99 € E-Book
inkl. MwSt.
sofort lieferbar als Download

D_ebakel B_odenlos
Zügige Satiren - bahnhafte Erlebnisse

Burkhard Tomm-Bub

Verlag: Books on Demand
Erscheinungsdatum: 08.05.2019

4,99 € Buch
inkl. MwSt. / portofrei
sofort verfügbar

2,49 € E-Book
inkl. MwSt.
sofort lieferbar als Download

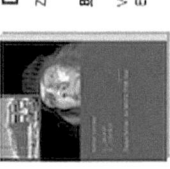

[NEU]
Alles ...
SF Fantasy Cybertales Cyberspace SL Glossen Lyrik Krimi(...)

Burkhard Tomm-Bub

Verlag: Books on Demand
Erscheinungsdatum: 06.06.2019

9,99 € Buch
inkl. MwSt. / portofrei
sofort verfügbar

Hartz IV - die ethische Katastrophe - Fakten vom E(...)
-Blogberichte gegen das Unrecht-

Burkhard Tomm-Bub

Verlag: Books on Demand
Erscheinungsdatum: 10.12.2018

8,99 € Buch
inkl. MwSt. / portofrei
sofort verfügbar